Gymnasium Bayern

Entraînement

cycle long

5

Französisch für Gymnasien

Lösungen

Schulaufgabentrainer
für Schülerinnen
und Schüler
mit Musterlösungen

DOSSIER 1 — *La France des trois océans*

Schulaufgabe A

Compréhension écrite

1

	vrai	faux
1. Francis est le père de Cynthia. Francis est le voisin de Cynthia.	☐	☑
2. Francis a 82 ans et Cynthia en a 12. Francis a 70 ans.	☐	☑
3. Francis a une plantation de cannes à sucre qu'il va bientôt vendre. Francis a une plantation de cannes à sucre, mais il ne veut pas la vendre.	☐	☑
4. La femme de Francis est partie en voyage. Francis ne s'est jamais marié.	☐	☑
5. Cynthia rencontre Francis tous les jours. Cynthia rencontre Francis une fois par semaine, le mercredi.	☐	☑
6. Ils bavardent et Francis offre à Cynthia des fruits de son jardin.	☑	☐
7. Quand ils n'ont plus rien à se dire, Cynthia rentre chez elle. Quand ils n'ont plus rien à se dire, ils peuvent rester des heures ensemble sans parler en regardant le paysage.	☐	☑
8. De son jardin, Francis voit un volcan.	☑	☐

2 1. Pour Francis, cultiver la canne à sucre, c'est …
☑ … tenir une promesse qu'il a faite à son père.
☐ … une manière d'oublier sa fiancée qui l'a quitté.
☑ … respecter une tradition familiale.
☐ … plus intéressant que voyager.
☑ … ce qui l'a empêché d'être libre et de vivre la vie qu'il aurait aimé vivre.
☐ … un moyen pour devenir riche.

2. Pour Cynthia, aller chez Père Francis, c'est …
☑ … une bonne action pour qu'il ne soit pas toujours seul.
☐ … ennuyeux, mais comme ça elle peut avoir des fruits sans les payer.
☑ … pouvoir raconter ce qui se passe dans son école.
☑ … apprendre des choses sur l'histoire de la Guadeloupe.
☐ … connaître la culture de la canne à sucre, car elle veut elle-même avoir une plantation plus tard.

Grammaire

3 1. Cynthia va chez le vieil homme. Elle lui fait plaisir.
En allant chez le vieil homme, Cynthia lui fait plaisir.
2. Elle lui parle de l'école. Elle lui rappelle sa jeunesse.
En lui parlant de l'école, elle lui rappelle sa jeunesse.
3. Ils regardent le paysage. Ils pensent à l'histoire de la Guadeloupe.
En regardant le paysage, ils pensent à l'histoire de la Guadeloupe.

4. Francis a promis à son père de continuer la culture de la canne à sucre. Il est devenu l'esclave de sa plantation.

En promettant à son père de continuer la culture de la canne à sucre, Francis est devenu l'esclave de sa plantation.

5. Cynthia est avec Père Francis. Elle n'est plus jalouse des jumeaux qui s'entendent si bien.

En étant avec Père Francis, Cynthia n'est plus jalouse des jumeaux qui s'entendent si bien.

4 1. **a** Comment est-ce que Marie-José a eu l'idée de partir en mer?

Comment Marie-José a-t-elle eu l'idée de partir en mer?

b Elle écoutait les histoires de pêche de son père. Et elle en a eu l'idée.

C'est en écoutant les histoires de pêche de son père qu'elle en a eu l'idée.

2. **a** Quand est-ce que Jean-Daniel s'est souvenu de cette histoire de son enfance?

Quand Jean-Daniel s'est-il souvenu de cette histoire de son enfance?

b En 2008, il voyageait en train et il regardait le paysage. À ce moment-là, il s'est souvenu de cette histoire de son enfance.

C'est en 2008, en voyageant en train et en regardant le paysage qu'il s'est souvenu de cette histoire de son enfance.

3. **a** Pourquoi est-ce que René ne m'a pas parlé plus tôt de son association?

Pourquoi René ne m'a-t-il pas parlé plus tôt de son association?

b Il a discuté avec moi, et il a alors décidé de s'engager dans cette association.

C'est en discutant avec moi qu'il a alors décidé de s'engager dans cette association.

Vocabulaire

5 La Nouvelle-Calédonie est un <u>archipel</u> d'Océanie situé dans l'<u>océan</u> Pacifique à 1.500 km à l'est de l'Australie et à 2.000 km au nord de la Nouvelle-Zélande. Elle se trouve à presque 20.000 kilomètres de la <u>métropole</u>, et elle couvre une <u>superficie</u> de 18 575,5 km². La Nouvelle-Calédonie est une collectivité d'outre-mer. Une des principales <u>ressources</u> de l'île est un métal rare, le nickel. La Nouvelle-Calédonie est <u>constituée</u> d'une <u>île</u> principale, la Grande Terre et de plusieurs <u>îles</u> plus petites. Le français est la langue <u>officielle</u>. En Nouvelle-Calédonie, la <u>mixité</u> des peuples est très importante, puisqu'il y a des habitants d'origines africaine, européenne, asiatique et indonésienne.

Médiation

6 À Grande Terre, les touristes passent leur séjour chez les habitants de l'île qui y vivent depuis toujours ou alors chez des Caldoches qui sont des colons d'origine française, nés en Nouvelle-Calédonie. Ces colons ont souvent de grandes plantations dans la partie ouest de l'île. Là, on y discute presque toujours de la situation politique dans le pays et des relations entre l'île et la métropole.

Ces dernières années, la métropole a donné plus d'indépendance à la Nouvelle Calédonie, et pourtant, on n'a pas encore trouvé de vraie politique pour l'avenir. Les habitants de l'île réclament l'indépendance de la Nouvelle-Calédonie, mais les Caldoches n'en veulent pas.

Seuls les Français qui vivent depuis quelques années en Nouvelle-Calédonie ne se plaignent pas et sont heureux dans leur « France de la mer du Sud ».

Production de texte

7   Chère Adeline,

Merci pour ton message et les photos de costumes! Je n'ai aucune expérience du carnaval en Guade-loupe, alors il est difficile pour moi de te conseiller. Bien sûr, c'est le costume en forme de papillon avec des fruits tropicaux qui m'impressionne le plus. Comment ce costume est-il fait? Il est vraiment fantastique!

Mais je trouve aussi le costume qui rappelle l'histoire de la Guadeloupe et de l'esclavage très intéres-sant. Je pense qu'il est très important pour la population créole de se souvenir de cette partie de son histoire.

Mais il faut que tu trouves un costume dans lequel tu te sentes bien, parce que … c'est toi qui dois le porter pendant tout le carnaval!

C'est vous qui faites vous-mêmes vos vêtements de carnaval? Pouvez-vous les revendre après le car-naval ou sont-ils trop abîmés?

Dans la région de l'Allemagne où j'habite, le carnaval a aussi une grande importance, mais les costu-mes sont très différents. Il faut dire qu'il fait froid chez nous à cette époque de l'année! Je ne sais pas encore quel costume je vais mettre. Souvent, les gens aiment bien jouer les personnages politiques célèbres. Est-ce que c'est pareil chez vous?

Bises

A+

Jakob

■■■■ Schulaufgabe B

Compréhension orale

1 ◉ **L'outre-mer est une chance et une grande richesse pour la France**

Ariane et Victor sont allés interviewer la ministre des DOM-COM à Paris.

Ariane: Qu'est-ce que la France d'outre-mer? Pourquoi la Corse n'en fait-elle pas partie?

La ministre: La Corse est une île, mais elle est très proche de la métropole. Elle n'a pas les mêmes pro-blèmes que l'outre-mer. Les collectivités d'outre-mer sont entre 8.000 et 20.000 km de la métropole. Les problèmes n'y sont pas les mêmes qu'en métropole, parce que c'est loin, parce que le climat est différent.

Victor: Vous êtes ministre des DOM-COM. Quel est votre travail?

La ministre: Je m'occupe des collectivités d'outre-mer en général. J'essaie de régler tous les problèmes qui s'y posent. Cela concerne différents domaines et je dois travailler avec différents ministres. Je voyage beaucoup. En deux ans, j'ai fait de nombreux tours du monde! C'est fatigant, mais cela per-met de voir ce qui se passe sur le terrain. Par exemple, je suis allée en Nouvelle-Calédonie juste après le cyclone de 2003. J'y suis retournée un an après pour un bilan. Cela fait plaisir de voir que les gens apprécient ce que l'État fait pour leur trouver une nouvelle maison, pour reconstruire …

Ariane: Les enfants d'outre-mer vivent-ils comme les enfants de la métropole? Ont-ils les mêmes chances?

La ministre: Ils vivent sous d'autres climats, mais ce sont des petits Français comme vous. Ils ont une culture différente, mais ils vont à l'école de la République et suivent les mêmes programmes que vous. Il faut encore que l'on fasse des progrès pour qu'ils aient les mêmes chances que les jeunes de la métropole. Nous avons ainsi créé « le passeport de mobilité ». Quand un jeune d'outre-mer veut ve-nir faire ses études en métropole, on lui paie le billet d'avion.

Victor: Pourquoi les collectivités d'outre-mer n'ont-elles pas leur indépendance?

La ministre: Certains départements d'outre-mer ont été français avant même certaines régions qui font maintenant partie de la métropole. La plupart des gens qui y vivent se sentent donc français, c'est naturel! Dans sa grande majorité, la population ne demande pas l'indépendance. C'est une chance pour la France, qui est ainsi présente partout sur la planète. L'outre-mer nous apporte une grande richesse, parce qu'il y a là-bas une grande diversité naturelle: la mer et la forêt tropicale avec des animaux et des fleurs fantastiques. Mais aussi pour notre culture, l'outre-mer montre que l'on peut être français quelle que soit notre couleur de peau.

D'après: Mon quotidien (2004)

1 1. c – 2. a – 3. a – 4. b

2

	vrai	faux
1. La ministre s'occupe des collectivités d'outre-mer en général.		✔
2. En 2003, l'État s'est engagé pour reconstruire ce qui avait été détruit en Nouvelle-Calédonie.	✔	
3. Les programmes scolaires sont les mêmes à Paris, Pointe-à-Pitre, Saint-Pierre et Miquelon et Papeete.	✔	
4. « Le passeport de mobilité », c'est le billet d'avion que l'État paie quand un jeune des DOM-COM veut venir étudier en métropole.		✔
5. Dans les DOM-COM, la majorité de la population ne demande pas l'indépendance.		✔
6. Les DOM-COM sont intéressants pour la France sur les plans géographique, politique et culturel.		✔

▮▮▮▮▮▮ Grammaire

3 *Baptiste:* Nicolas Anelka est guadeloupéen n'est-ce pas?

Riad: Mais non, c'est en Martinique qu'Anelka est né!

Laura: Et c'est Lilian Thuram qui est né en Guadeloupe.

Flora: Ce ne sont pas plutôt les parents d'Anelka qui ont immigré en métropole?

Baptiste: Et Thierry Henry alors? C'est sa mère ou son père qui est guadeloupéen?

Laura: Son père, je crois. Sa mère est martiniquaise. Mais Thierry Henry est né en région parisienne.

Riad: Il faut vraiment tout vous dire! Ce sont Nicolas Anelka et Sylvain Wiltord qui sont nés en région parisienne. Henry, lui, vient du département de l'Essonne.

Vocabulaire

4

	1	2							4	
	P	R	É	J	U	G	É			
		A								
		G		E	S	C	L	A	V	E
		G						B		
P	L	A	N	T	A	T	I	O	N	
Ê		M						L		
C		U				L		I		
H		F				A		T		
E		F				G		I		
		I			C	O	L	O	N	
		N				N		N		

(1 = PRÉJUGÉ, 3 = ESCLAVE, 5 = PLANTATION, 7 = COLON ; 4 = ABOLITION, 6 = PÊCHE, 8 = LAGON)

Vocabulaire et grammaire

5 Je suis un vieux Guadeloupéen et j'ai envie de vous raconter mon histoire.
Mon père **a** s'était déjà marié une fois, mais sa femme est morte à la naissance de son troisième enfant. C'est **b** en élevant seul ses trois enfants qu'il **a** a réussi à impressionner ma mère. Ils **a** se sont alors mariés et je suis né. De mon enfance à Pointe-à-Pitre, je ne **a** me souviens que de mon grand-père qui **a** luttait pour que les enfants apprennent le créole à l'école. **b** En s'engageant pour cette langue, il **a** exprimait aussi son amour pour la Guadeloupe.
Quand j' **a** avais dix ans, mes parents **a** ont décidé de partir vivre à Paris. Se séparer de sa famille **a** a été dur pour mon grand-père! Cela l' **a** a rendu très triste, mais il **a** n'a rien pu faire.
b En immigrant en métropole, mes parents **a** pensaient améliorer leur niveau de vie. Ce n'est pas vraiment ce qui **a** s'est passé.
b En quittant la Guadeloupe, ils **a** ont perdu beaucoup de choses: la pêche, les fruits de leur jardin comme ces délicieux melons que je n'ai jamais retrouvés.
Je suis retourné en Guadeloupe en 1999. En 2000, j'ai commencé à travailler dans le magasin qui **a** avait appartenu à mon grand-père. **b** En tenant un petit magasin dans l'île et **b** en ayant beaucoup de relations, on **a** apprend beaucoup de choses sur les touristes et sur les habitants de l'île, mais aussi sur les relations entre la Guadeloupe et la métropole.
Quand on pense qu' **b** en débarquant ici, Christophe Colomb **a** croyait arriver en Inde. C'est un malentendu qui **a** a eu pas mal de conséquences!

Production de texte

6 *Métropole:* Salut tout le monde! Pour moi, c'est passer mes vacances en Bretagne ou sur la Côte d'Azur que je préfère. À mon avis, il n'existe pas d'endroits plus beaux dans le monde.

Toi, le fou des îles: Oui, peut-être. Mais à la Réunion, on peut admirer de magnifiques montagnes, des volcans impressionnants ou d'immenses plantations de cannes à sucre. Tu ne trouves pas non plus de forêts tropicales où les arbres sont verts toute l'année en Bretagne! Pour moi, les paysages de la Réunion sont uniques.

Métropole: Oui mais, les volcans, c'est dangereux, non?

Toi, le fou des îles: Le volcan du Piton de la Fournaise est encore actif, mais je ne vais pas l'escalader! Je peux le regarder de loin, et ce n'est pas dangereux.

Métropole: Bon d'accord, tu me parles des paysages, mais qu'est-ce qu'on peut y faire encore?

Toi, le fou des îles: À la Réunion, tu peux aussi pratiquer des sports originaux, comme la plongée. Il y a des poissons magnifiques qui n'existent pas en Europe. Si tu préfères des vacances plus calmes, la Réunion est aussi un endroit formidable pour faire de belles balades, pour faire la connaissance des habitants et discuter avec eux. Mais là, c'est vrai, ce sont des choses qui sont aussi possibles en Bretagne ou sur la Côte d'Azur!

DOSSIER 2 *Au travail!*

◼◼ Schulaufgabe A

▦ Compréhension écrite

1　1. Dans le texte, il s'agit d'une interview avec ...
　　　a ✔ ... des élèves de différentes séries et des profs.
　　　b ☐ ... des élèves de différentes séries uniquement.
　　　c ☐ ... des élèves de différentes séries et de leurs parents.
　　2. Le thème de l'interview, c'est ...
　　　a ☐ ... la guerre entre les jeunes qui aiment la lecture et s'amuser et les profs qui veulent les
　　　　　faire travailler et réussir au bac.
　　　b ✔ ... les préjugés que les élèves d'une série au lycée ont contre les élèves d'autres séries.
　　　c ☐ ... savoir quelles sont les matières avec lesquelles on a le plus de chance de réussir au bac.
　　3. Phosphore, c'est ...
　　　a ✔ ... le magazine dans lequel on peut lire l'interview.
　　　b ☐ ... le nom du lycée où vont les élèves de l'interview.
　　　c ☐ ... le nom du journal du lycée.

2

	... est ...	... dit que dans la série S ...	... dit que dans la série ES ...	... dit que dans la série L ...
César ...	élève de Terminale L	10	3	9
Emma ...	élève de Terminale S	2	11	12
Kim ...	élève de Terminale ES		1	
Juan ...	élève en première ES			8
Gilbert Longhi ...	principal	6	7	
Kamel Hachkar ...	professeur d'histoire-géo	13	5	4
Éric Schatt ...	professeur de SVT			14

▦ Grammaire et vocabulaire

3　1. Le concepteur multimédia **a** en crée. Ce sont des **b** cédéroms, des jeux vidéo ou encore des sites
　　　Internet.
　　2. La coiffeuse **a** y travaille. C'est le **b** salon de coiffure.
　　3. On va à l'université pour **a** en obtenir après plusieurs annés d'études. Ce sont des **b** diplômes.
　　4. En France, les enfants **a** y passent normalement une année et ils **a** y apprennent à lire. C'est le
　　　cours **b** préparatoire.
　　5. En France, on est obligé d' **a** y aller quand on n'a pas d'emploi et qu'on **a** en cherche un. C'est
　　　l' **b** ANPE .
　　6. Moi, je voudrais un métier où je puisse **a** en prendre parce que je n'aime pas faire ce qu'on me dit
　　　sans pouvoir décider moi-même. Je parle des **b** responsabilités.
　　7. On peut **a** y fabriquer des voitures ou des chaussures. C'est l' **b** usine.

8. Chaque pays, chaque région **a** en a. Elles ont souvent une origine historique et font partie de l'histoire des gens ou de leurs familles. Ce sont les **b** traditions.

Grammaire

4 – Voudrais-tu être à ton compte plus tard?
– Venant d'une famille de fonctionnaires et ayant des parents qui sont professeurs tous les deux, je ne crois pas vraiment que ce soit la voie la plus facile pour moi. Je cherche un domaine où je me sente bien et où je puisse utiliser ma créativité au maximum. J'espère que j'en trouverai un! Mais étant réaliste, je prépare en même temps un examen pour devenir prof, parce qu'on ne sait jamais, il est possible que je ne réussisse pas à réaliser mon rêve et que je doive devenir fonctionnaire comme mes parents ... Et toi?
– Je ne crois pas qu'il soit nécessaire de se mettre à son compte pour être heureux! Mais sachant que cela est parfois plus facile que de trouver un emploi quelque part, j'y pense quand même!

Médiation

5 **a** J'ai trouvé ces tuyaux sur Internet:
– La matière principale devrait être celle dans laquelle on est le/la meilleur/e. Comme cela, on peut avoir beaucoup de points pour la note du bac.
– Choisir une matière principale dépend aussi de la qualité du prof dans chaque matière.
– Il faudrait aussi voir quelles matières sont plus simples pour un examen oral, comme par exemple l'histoire, la politique ou la religion.
– Il faut réfléchir à ce qu'on veut faire plus tard avant de choisir sa matière principale.
– Enfin, il ne faut pas choisir une matière principale uniquement parce que le/la meilleur/e ami/e a choisi la même matière.

b Ce sont de bons tuyaux pour avoir un maximum de points pour le bac, mais je pense qu'on va aussi à l'école pour apprendre. Moi, je préférerais choisir une matière principale qui m'intéresse vraiment. Il est plus intéressant de se cultiver quand c'est possible. Plus tard, j'aurai encore le temps d'apprendre ce dont j'ai besoin pour mon métier!

Production de texte

6 Cher Jérémy, / Chère Julie,
Cela n'a pas l'air drôle pour toi en section S! Tu as choisi une section scientifique pour ne pas te fermer de portes, mais si tu n'as plus le temps de vivre, ce n'était peut-être pas le bon choix.
Ici, en Bavière, nous n'avons pas de section. Nous pouvons choisir deux matières principales (Leistungskurs) et deux matières du Grundkurs. Mais on ne peut pas choisir les matières tout à fait comme on veut. Par exemple, pour les matières principales, il faut au moins qu'il y en ait une qui soit maths, allemand, une langue ou une matière scientifique.
Pour les études et le choix d'un métier, le choix des matières compte moins que la note que tu as reçue au bac.
Moi, je pense prendre maths et histoire parce que je m'intéresse à l'actualité et que je ne veux pas être un scientifique qui ne connaît pas le monde!
Ne fais pas trop de maths! Lis un bon journal! L'école, ce n'est pas tout dans la vie!
À plus!

Schulaufgabe B

Compréhension orale

2 **Vrai ou faux? Les clichés sur les métiers**

Une journaliste fait une interview avec un conseiller d'orientation.

La journaliste: Monsieur le conseiller d'orientation, bonjour. On dit que les métiers du tourisme, c'est génial, parce qu'on y voyage tout le temps. Est-ce vrai?

Le conseiller d'orientation: Non, il s'agit d'un cliché! Il y a un fort pourcentage de personnes qui travaillent dans le tourisme, et qui pourtant ne voyagent presque jamais professionnellement: 80%! Le tourisme emploie un million de personnes en France. Mais 400.000 personnes ne travaillent qu'en été ou qu'en hiver: moniteurs de ski, animateurs, garçons de café ... Cela demande une certaine capacité d'adaptation.

La journaliste: Est-il vrai que les filles réussissent mieux que les garçons au bac?

Le conseiller d'orientation: Ça c'est vrai! Il y a 81% de filles qui réussissent au bac contre seulement 77,4% de garçons. Et pour les baccalauréats scientifiques, c'est encore plus frappant: 87,8% pour les filles contre 82,4% pour les garçons! Ces résultats concernent la France, mais on retrouve à peu près les mêmes dans tous les pays d'Europe.

La journaliste: On entend souvent qu'on n'aura plus besoin d'informaticiens dans dix ans. Qu'en pensez-vous?

Le conseiller d'orientation: Les métiers de l'Internet ne marchent peut-être plus aussi bien qu'avant, c'est vrai. Maintenant, on cherche des informaticiens capables d'installer tout le système informatique des entreprises. Si vous voulez travailler dans l'informatique, il ne suffit plus de savoir utiliser un ordinateur, il faut aussi avoir des diplômes! Il est important de se renseigner.

La journaliste: Est-il vrai que l'on a plus de chance de réussir si on vient d'un milieu favorisé?

Le conseiller d'orientation: Malheureusement, oui. 87% des enfants de personnes qui ont un diplôme et qui occupent des postes à responsabilité obtiennent le bac, alors que chez les enfants de personnes ne possédant aucun diplôme, ce sont seulement 45%. Mais de très bonnes écoles supérieures, comme Sciences Po, agissent contre cette situation injuste. Ainsi, certains très bons élèves venant de milieux défavorisés peuvent y entrer aujourd'hui et ils reçoivent des aides financières pour y faire leurs études. Et ils réussissent.

La journaliste: Une dernière question: changer de métier pendant sa vie professionnelle, c'est risqué?

Le conseiller d'orientation: Oui et non ... Bien sûr, changer de métier peut être risqué. Il est difficile de commencer une deuxième formation quand on est adulte et qu'on doit gagner sa vie. Mais le monde change très vite. Il faut s'adapter à de nouvelles situations. Je conseillerais de ne jamais arrêter d'apprendre dans le domaine qu'on a choisi. Cela s'appelle la formation continue et aujourd'hui, on ne peut plus s'en passer.

D'après: Okapi (mai 2005)

1 1. b – 2. b – 3. a – 4. c

2

	vrai	faux
1. Pour travailler dans le tourisme, il faut être capable de s'adapter parce qu'il est possible qu'on ne puisse pas faire le même travail durant toute l'année.	✔	
2. Le pourcentage de filles qui réussissent au bac est uniquement vrai pour la France. Dans les autres pays européens, c'est différent.		✔
→ Mais on retrouve à peu près les mêmes dans tous les pays d'Europe.		
3. On cherche surtout des informaticiens qui sachent installer tout le système d'une entreprise.	✔	
4. Ce qui compte quand on veut travailler dans l'informatique, c'est de s'y connaître. Les diplômes ne sont pas très importants.		✔
→ Il ne suffit plus de savoir utiliser un ordinateur, il faut aussi avoir des diplômes.		
5. De très bonnes écoles comme Sciences Po ne laissent aucune chance à des jeunes venant de milieux défavorisés.		✔
→ Mais de très bonnes écoles supérieures comme Sciences Po agissent contre cette situation injuste.		
6. La formation continue, c'est continuer à apprendre et à se former quand on travaille déjà.	✔	

Vocabulaire et grammaire

3 Tu dis que tu veux voyager avant d'étudier. <u>D'un côté</u>, je te comprends, mais <u>de l'autre</u>, je trouve cette idée un peu risquée. <u>Bien qu'on</u> dise que les voyages sont aussi une bonne formation, je ne crois pas que cela soit <u>exactement</u> ce dont tu as besoin en ce moment!
<u>Pour que</u> tu puisses trouver plus tard un emploi, il faudrait commencer tes études tout de suite après le bac. <u>Étant donné que</u> tu as déjà redoublé deux fois, faire d'abord un tour du monde risquerait d'être fatal.

Grammaire

4 **a** <u>Parce que j'aime l'art</u>, mais **a** <u>comme je ne peux pas</u> en faire moi-même, j'ai décidé de ne pas me lancer dans le métier d'artiste, mais dans **b** <u>celui</u> de vendeur d'œuvres d'art. Je m'intéresse aux tableaux et aux photographies **a** <u>qui parlent de notre époque</u>. Ainsi, j'aime bien les tableaux de Nicolas de Staël, mais je préfère encore **b** <u>ceux</u> d'Anselm Kiefer. Par contre, je déteste les peintres d'aujourd'hui **a** <u>qui imitent encore Picasso</u>! **a** <u>Comme / Parce que je viens d'une génération</u> qui est **b** <u>celle</u> du multimédia, je donne aussi la priorité à des sculptures et des installations vidéo comme **b** <u>celles</u> de Pipilotti Rist. **a** <u>Comme je possède une grande curiosité</u>, je découvre facilement des artistes **a** <u>qui ont du talent</u>. J'ai également des relations excellentes avec mes clients, surtout avec **b** <u>ceux</u> qui n'achètent pas pour faire une affaire, mais parce qu'ils aiment vraiment l'œuvre!

Production de texte

5 Madame, Monsieur,

Élève de seconde au lycée Schiller de Bochum, je voudrais faire un baccalauréat avec option français et histoire. Adorant la langue et la culture françaises, je rêve de partager ma passion avec d'autres. C'est la raison pour laquelle je m'intéresse au stage de guide touristique dans la ville de Villefranche. J'aimerais faire découvrir aux touristes parlant allemand les secrets de Villefranche.

M'intéressant au Moyen-Âge, je suis sûr de pouvoir parler de cette période à laquelle la ville a été fondée. J'aurais beaucoup de plaisir à faire les recherches nécessaires pour pouvoir répondre à toutes les questions des visiteurs. Étant délégué de classe depuis quatre ans, j'ai l'habitude de parler en public et je sais convaincre.

Dans l'attente d'une réponse positive, je vous prie de recevoir l'expression de mes sentiments les meilleurs.

Florian Schmied

DOSSIER 3 *Au travail*

Schulaufgabe A

Compréhension écrite

1

	Paul	Thomas
Nationalité	française	allemande
Âge	16 ans	–
Couleur des cheveux	brun	blond
Caractère	timide	toujours de bonne humeur, sympa
Passion/s	dessiner / le dessin	le sport et les filles

2   1. c – 2. e – 3. g – 4. d – 5. b – 6. a – 7. f

3   1. **a** Paul a trouvé un correspondant ☐ qui va bien avec lui.

                                                ☑ qui ne va pas du tout avec lui.

       b « ... un correspondant qui ne me correspondait en rien. »

    2. **a** Paul est né ☐ avant 1945.

                              ☑ après 1945.

                              ☐ en 1945.

       b « À peine plus jeune que la paix ... »

    3. **a** Pour les amis de Thomas, Paul ☑ correspond au cliché du Français.

                                                       ☐ ne correspond pas au cliché du Français.

       b « ... donc parfaitement français! »

Vocabulaire

4   1. Qu'est-ce que l'Europe des six?

       C'est l'<u>ancêtre</u> de l'Union européenne.

    2. Quand a été signé le premier <u>traité</u> de construction européenne?

       Il a été signé à Rome en 1957.

    3. Combien de <u>membres</u> compte actuellement l'Union européenne?

       Elle en compte actuellement 27.

    4. Quelle est la <u>devise</u> de l'Union européenne?

       C'est « unis dans la diversité ».

    5. Qu'est-ce que les accords de Schengen de 1995 permettent?

       Ils permettent de passer plus facilement les <u>frontières</u>.

Grammaire

5 1. Des garçons qui sont en première et qui m'ont fait peur m'ont entraîné.
2. Des types plus grands qui n'étaient pas du lycée les accompagnaient.
3. Ils m'ont intimidé.
4. La police m'a pris et elle me punira.

6 1. La prof allemande trouve que les élèves français n'écoutent pas bien. La prof française trouve que c'est parce que les Allemands font trop de bruit. Elle répond: « Mes élèves ne sont peut-être pas les plus faciles, mais **b** les tiens / les vôtres sont les plus **a** bruyants! »
2. Paul pense que les hommes politiques qui font l'Europe ne pensent qu'à l'économie et aux marchés alors que les jeunes pensent aussi à la culture: « Notre Europe est culturelle alors que **b** la leur est **a** commerciale! »
3. Virginie et Mathilda comparent les garçons de la classe française et de la classe allemande. Virginie trouve les Allemands tellement drôles qu'elle ne les oubliera jamais! Elle dit à sa corres Mathilda: « Nos garçons sont pas possibles, mais **b** les vôtres sont vraiment **a** inoubliables! »
4. Benni et Loïc comparent les équipes de foot de leurs régions. Loïc dit: « Vos joueurs ne sont pas mal, mais **b** les nôtres font partie des meilleurs joueurs au niveau **a** mondial! Il n'y en a que quelques-uns sur la planète qui jouent aussi bien!»
5. Sarah-Zorah et Mia se promettent de rester amies toute la vie. « On ne sait pas combien de temps vivra l'amitié entre nos deux communes, mais **b** la nôtre est **a** durable, c'est sûr! »
6. Le maire allemand a posé des fleurs devant le monument aux morts du village français. Le maire de la commune française lui dit: « Ton geste, Karl-Heinz m'a beaucoup touché, **b** le mien sera aussi **a** symbolique! » Et il lui donne un tapis avec les drapeaux des deux communes.

Médiation

7 « À l'Ouest rien de nouveau » est le titre d'un film américain de Lewis Milestone de 1930 d'après le roman du même titre de Erich Maria Remarque.
On dit que ce film est l'un des plus connus et des plus impressionnants contre la guerre. C'est l'histoire du lycéen allemand Paul Bäumer, qui au début de la Première Guerre mondiale s'engage volontairement comme soldat, tout comme ses autres camarades après avoir écouté les récits de leur prof. Après un entraînement dur, les jeunes soldats sont envoyés au front.
Pendant une permission, Bäumer rencontre son ancien professeur qui veut le présenter comme un soldat courageux. Mais Bäumer raconte alors toute la vérité sur la vie au front.
À la fin du film, Bäumer retourne au front et apprend que la plupart de ses camarades sont morts. La dernière scène, en automne 1918, quelques jours avant la fin de la guerre montre Bäumer en train d'essayer d'attraper un papillon, et Bäumer est abattu.
En Allemagne, les cinémas ont arrêté de montrer le film après seulement une semaine à cause de réactions violentes. En France aussi, le film n'a été montré qu'à partir de 1963 parce qu'on y voyait un soldat allemand et un soldat français qui se réconciliaient dans les tranchées.

Production de texte

8 Cher Mathieu,
Je viens de voir une scène qui m'a beaucoup impressionné. Je ne sais pas si tu la connais. La séquence est à la fin du film « À l'Ouest rien de nouveau ». Cela se passe pendant la Première Guerre mondiale, au front. On voit le héros, Paul Bäumer, dans une tranchée. Il regarde dehors par une fenêtre, il sourit un peu parce qu'il a vu quelque chose. Le spectateur est alors transporté de l'autre côté de la

tranchée. Il voit le visage du soldat qui regarde par terre. Il a l'air heureux. Mais il a été vu par un soldat ennemi qui se prépare à l'abattre. Pourtant le héros ne remarque rien. Il se lève, et il n'est plus protégé par la tranchée. Le soldat veut attraper un papillon, mais c'est à ce moment que le soldat ennemi l'abat.

Pour moi, le papillon que le soldat veut attraper est un symbole de la vie. Mais en essayant d'attraper la vie, il rencontre la mort. C'est un film qui fait beaucoup réfléchir.

J'avais envie de t'en parler à toi. Si on avait vécu il y a cent ans, au lieu d'être pote, on aurait peut-être été des ennemis dans des tranchées. C'est quand même très bizarre, l'histoire.

Bon, voilà assez d'émotions pour aujourd'hui! J'arrête.

À plus!

Tim

Schulaufgabe B

Compréhension orale

3 ◎ **Vous sentez-vous européen?**

Présentateur: Bonjour et bienvenue à notre émission sur l'Europe! Aujourd'hui, nous avons invité trois jeunes. Camille, bonjour!

Camille: Bonjour ...

Présentateur: Camille, l'Europe, c'est quoi pour vous?

Camille: C'est la chance de voyager sans problèmes, de découvrir d'autres cultures, de vivre la diversité européenne!

Présentateur: Maxime, partagez-vous cet avis très optimiste?

Maxime: Je suis d'accord avec Camille, même si je vois les choses de façon un peu moins romantique. Pour moi, l'Europe, c'est avant tout une unité économique, un grand marché qui va m'offrir des possibilités de travail, puisque je veux faire des études d'économie avec une option internationale.

Présentateur: Et vous, Rosalie, que souhaitez-vous ajouter à ces avis?

Rosalie: L'espoir de vivre en paix avec ses voisins. Je viens de Wissembourg, une petite ville au nord de l'Alsace. Pour moi, l'Europe doit avant tout empêcher qu'une région comme la mienne soit à nouveau envahie comme elle l'a déjà été plusieurs fois dans le passé.

Présentateur: Qu'est-ce qui a le plus changé à votre avis depuis ... disons ... depuis que vos grands-parents avaient votre âge? Camille, vous voulez répondre en premier?

Camille: J'ai 16 ans. Ma grand-mère est née en 1941. Elle a eu 16 ans en 1957, au moment où on discutait le traité de Rome. À l'époque, le mot le plus important était la réconciliation. Il fallait oublier la guerre. Pour elle, même si elle faisait des efforts, les Allemands étaient encore des ennemis. Moi, je suis actuellement des cours dans une section bilingue français-allemand. Dans mon emploi du temps, l'allemand est appelé langue du partenaire! Ce n'est pas du tout la même situation!

Maxime: Mon grand-père est né en 1920! Son père était soldat dans les tranchées de Verdun pendant la Première Guerre mondiale. Mon grand-père a participé à la guerre de 1939–1945. Il était résistant. Il est mort quand j'avais cinq ans. Je ne sais pas comment il aurait réagi s'il avait su que son petit-fils partirait à 15 ans pour six mois vivre dans une famille allemande. Mais je crois qu'il aurait compris. Il était contre le nazisme, pas contre l'Allemagne.

Présentateur: Rosalie, vous voulez ajouter quelque chose?

Rosalie: Oui ... Se réconcilier, c'est bien, mais l'Europe libérale me fait peur. Dans le village de mes parents, il y a plein d'Allemands qui choisissent d'y habiter parce que la vie y est moins chère que de l'autre côté du Rhin. Ils envoient leurs enfants au Kindergarten allemand, pas à l'école maternelle, et ils ne font même pas l'effort de dire bonjour quand ils entrent dans une boulangerie. Je n'appelle pas ça de l'intégration.

16 Dossier 3

1 1. Rosalie – 3. Maxime – 5. Camille

2

	Maxime	Camille	La grand-mère de Camille	Le grand-père de Maxime	Le père du grand-père de Maxime
a eu 16 ans au moment du traité de Rome.			✔		
appelle l'allemand dans son école «langue du partenaire».		✔			
est né en 1920.				✔	
a été dans les tranchées de Verdun pendant la Première Guerre mondiale.					✔
a été résistant pendant la guerre de 1939–1945.				✔	
a habité pendant six mois dans une famille allemande à l'âge de 15 ans.	✔				

3 1. a – 2. c – 3. c – 4. b

Grammaire

4 1. *Jeanne:* Mon cœur bat à cent à l'heure, et le tien?
2. *Julien:* Le mien est à peu près pareil!
3. *Jeanne:* Tante Léopoldine n'aime pas les enfants de l'oncle Oscar!
   Julien: Les siens ne sont pas très bien élevés non plus!
4. *Jeanne:* J'espère que Papi ne va pas raconter ses histoires de guerre pendant tout le repas!
   Julien: Non, les siennes ne sont vraiment pas très intéressantes! Je préfère celles de l'oncle Timothée!
5. *Jeanne:* La dernière fois, nos grands-parents n'ont pas aimé notre surprise.
   Julien: Oui mais, la leur n'était pas meilleure!
6. *Jeanne:* Qu'est-ce qu'on fait si notre cousine Adélaïde a aussi acheté un tapis?
   Julien: On cache le nôtre.
7. *Jeanne:* Et on leur chante juste la chanson?
   Julien: Oui, mais on leur dit que c'est la nôtre!

Vocabulaire et grammaire

5 **Horizontal**
1. La Bulgarie et la Roumanie y ont été accueillies en 2007.
2. C'est un pays du continent américain que Christophe Colomb a découvert.
3. C'est le pays le plus peuplé de la terre. Plus d'un milliard de personnes y habite.
4. C'est le nom qu'on donne aux habitants du Danemark.
5. C'est le pays dans lequel vivent les Anglais et les Écossais.

Dossier 3 **17**

Vertical

6. C'est une île qui se trouve dans l'océan Pacifique et une grande puissance économique.
7. C'est la ville dans laquelle on a signé le traité qui a donné naissance à l'Europe des six en 1957.
8. L'instrument de musique traditionnel dont ces gens jouent est la cornemuse.
9. Sa capitale est Moscou.
10. C'est la région de France que les Alliés ont choisie pour débarquer.

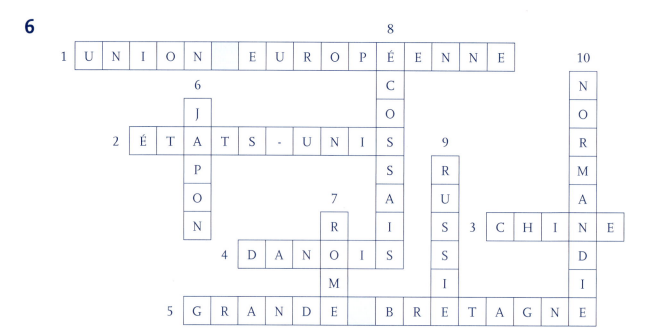

Production de texte

7

Fürth, le 25 septembre 2009

Monsieur, Madame,

Nous sommes trois jeunes de la région de Nuremberg et nous voudrions vous présenter notre projet « Le tour du tour de France » pour le programme « Destination France ».

Notre projet est de suivre le tour de France pendant quatre semaines pour écrire un article sur le public et pour répondre aux questions suivantes:
– Pourquoi les Français continuent-ils à aimer leur tour de France malgré les problèmes?
– Qu'est-ce qui intéresse les gens qui attendent pendant des heures au bord de la route pour voir passer les sportifs?
– Comment est-ce que les journaux parlent du tour de France?
– Est-ce que le tour de France est une activité sportive ou un événement symbolique pour les Français?

Pendant tout le mois de juillet, nous suivrons le parcours du tour de France, nous lirons les journaux et nous ferons des interviews avec les spectateurs. Nous utiliserons une petite caméra pour réaliser un film.

Nous ferons une partie du trajet à vélo, et l'autre en train. Nous dormirons dans des auberges de jeunesse. Nous nous arrêterons aussi dans le village qui a un jumelage avec notre commune. Nous avons déjà écrit au maire qui sera très content de nous accueillir.

Ce voyage nous permettra de découvrir la diversité de la France et des Français. Si nous étions subventionnés par l'OFAJ, nous pourrions réaliser notre rêve.

Meilleures salutations

■■■ Mündliche Prüfung

1 **Solution modèle**

L'affiche montre une grande carte d'Europe. Une jeune fille est debout sur la carte comme si elle était dans un jardin. Elle porte une robe d'été et elle tient un parapluie ouvert. Le parapluie est grand. Dessus, il y a les drapeaux de plusieurs pays européens. On reconnaît par exemple le drapeau de la Grande-Bretagne.

À gauche de l'affiche, le ciel est clair, mais il y a de gros nuages qui viennent de l'Est. Les nuages sont noirs.

L'affiche est de 1950. Cinq ans après la guerre, des hommes politiques français et allemands comme Robert Schuman avaient appelé les peuples à se réconcilier. La création de l'Europe devait permettre d'éviter les guerres. Le parapluie avec les drapeaux montre que l'Union européenne protège les peuples contre une nouvelle guerre. La jeune fille qui tient le parapluie a l'air d'avoir de la force. Elle n'a pas peur des nuages qui arrivent.

Aujourd'hui, je ne pense pas qu'on pourrait encore faire une affiche pareille. L'Europe n'est plus quelque chose qui protège, mais quelque chose qui permet d'avancer. Si j'avais la possibilité de faire une affiche qui symbolise l'Europe aujourd'hui, je prendrais un bateau ou un avion avec des drapeaux pour montrer que l'Europe nous emmène en avant.

2 **Dialogue modèle**

Rôle 1	Rôle 2
J'espère que les gens participeront aux prochaines élections européennes. J'aimerais qu'ils comprennent qu'il est aussi important de voter aux élections européennes que pour l'élection du chancelier ou du président de la République.	
	Vraiment? Moi, je ne crois pas beaucoup à cette Europe qui est faite par la politique. Je pense que ce qui compte, ce sont les voyages et la découverte de l'autre, pas les élections.
Regarde pourtant tout ce que la politique européenne a déjà réussi à faire. Ce n'est pas rien! 27 pays qui s'organisent, qui respectent les mêmes règles alors qu'il y a 70 ans, il y avait encore la guerre.	
	À mon avis, c'est quand les gens apprennent à se connaître que les guerres deviennent impossibles. Les hommes politiques peuvent rapidement changer d'avis, mais moi qui te connais, qui ai passé six mois dans ta famille et dans ton école grâce au programme Sauzay, je ne pourrais plus jamais être un soldat qui se bat contre ton pays. Ce sont les programmes d'échange qui permettent une paix durable en Europe.

Dossier 3 **19**

Peut-être, mais tu oublies que ces programmes d'échange n'existeraient pas si des hommes politiques ne leur avaient pas ouvert la voie. Le Traité franco-allemand pour la jeunesse par exemple a été le premier à ouvrir la voie des échanges.	
	Oui, c'est vrai, mais les hommes politiques font aussi beaucoup de choses inutiles.
Inutiles? Regarde, la liberté de passer les frontières, la création de l'euro. Ce sont des choses que tu es content/e d'avoir quand tu voyages.	
	Oui, c'est vrai, mais à mon avis, il faudrait quand même faire plus de rencontres entre jeunes et moins de sommets entre chefs d'État.
Là, tu as peut-être raison. Regardons alors le programme des différents candidats aux élections européennes pour savoir qui propose plus de choses pour les jeunes.	

DOSSIER 4 *Tendances*

Schulaufgabe A

Compréhension écrite

1 1. À Branféré, Nicolas Hulot
    a ☐ a fait une conférence sur les grands singes.
    b ☐ a observé les poissons.
    c ☑ a fondé une école.
2. L'École pour la Nature a été créée
    a ☑ pour les groupes scolaires.
    b ☐ pour les hommes politiques.
    c ☐ pour les gens qui veulent travailler plus tard dans un zoo.
3. Se battre pour la biodiversité, c'est
    a ☑ essayer de sauver les baleines et les grands singes qui risquent sinon de disparaître.
    b ☑ respecter les forêts.
    c ☑ respecter les petits animaux qui vivent dans le sol et qui sont importants pour notre vie.
4. Pour Nicolas Hulot, les questions d'environnement, c'est l'affaire
    a ☐ des hommes politiques seulement.
    b ☑ de tout le monde.
    c ☐ des générations à venir.
5. Nicolas Hulot regrette
    a ☐ qu'il y ait trop de choix et trop de liberté de consommation.
    b ☐ que les gens qui comparent avant de consommer aient des avantages que les autres n'ont
        pas.
    c ☑ que les gens soient encouragés à consommer beaucoup et n'importe comment.

2 1. Quel est pour Nicolas Hulot le problème d'environnement le plus grave?
    C'est la crise de la biodiversité.
2. Comment Nicolas Hulot définit-il «la liberté» quand on consomme?
    Il la définit comme la liberté de choisir, d'être curieux.
3. Qu'est-ce qui donne des raisons d'espérer dans la situation actuelle?
    C'est l'engagement, l'action, car «ce qui compte, c'est agir».

3 1. b – 2. a – 3. f – 4. c – 5. e– 6. d

Vocabulaire et grammaire

4 1. Les informations dans ce journal sont toujours très <u>actuelles</u>, mais les commentaires sont souvent <u>critiques</u>.
2. L'énergie solaire est <u>renouvelable</u>. C'est important pour l'environnement. Mais rester trop longtemps au soleil pour les hommes est <u>malsain</u>.
3. Quand les règles d'échanges sont <u>équitables</u>, on peut parler de règles commerciales <u>exemplaires</u>.
4. Les baleines sont devenues des animaux <u>rares</u>. Si on ne fait pas attention, on ne les verra bientôt plus que dans des univers <u>virtuels</u>.

Dossier 4 **21**

5 1. Georges a fait une promesse à Nathalie. Il **a** <u>la lui</u> a faite en janvier. Il lui a dit: «Dès que tu
   b <u>auras réussi</u> ton examen, je **a** <u>t'</u> **b** <u>emmènerai</u> en vacances!»
2. *Juliette:* Il faut encore découper ce dessin et <u>le</u> coller sous la phrase correspondante!
   Antonin: Tu **a** <u>me le</u> découpes?
   Juliette: Quand tu **b** <u>auras trouvé</u> où il faut **a** <u>le</u> coller, je **a** <u>te le</u> **b** <u>découperai</u>!
3. *Les enfants:* Papa, Maman, on ne voudrait pas vous mettre la pression, mais …
   Les parents: Vous **a** <u>nous la</u> mettez quand même!
   Les enfants: Quand le cyclone **b** <u>sera arrivé</u>, il **b** <u>sera</u> trop tard pour ranger le pique-nique!
4. Adeline a besoin d'une photo pour le journal du lycée, et dit à Florian: «Dès que tu **a** <u>me l'</u>
   b <u>auras imprimée</u>, j' **b** <u>irai</u> chez le directeur pour **a** <u>lui</u> montrer notre nouveau numéro!»
5. Aujourd'hui, les filles de la seconde C jouent contre les garçons. Elles pensent qu'elles sont
   meilleures qu'eux. Elles veulent **a** <u>le leur</u> montrer. Leur capitaine **a** <u>leur</u> dit: «Dès que l'arbitre
   b <u>aura ouvert</u> le jeu, vous **b** <u>donnerez</u> votre maximum et je suis sûre que vous **b** <u>gagnerez</u> le
   match. Bonne chance!»
6. Léo a besoin du vélo de son grand frère:
   Léo: Marc, tu **a** <u>me</u> prêtes ton vélo?
   Marc: Je **a** <u>te le</u> **b** <u>prêterai</u>, dès que tu **b** <u>auras fini</u> tes devoirs de maths.
   Léo: Mais ils sont trop durs, je n'y arrive pas tout seul.
   Marc: Tu veux que je **a** <u>t'aide</u>?
   Léo: Oui, tu pourrais **a** <u>me les</u> expliquer? Et quand nous **b** <u>aurons fini</u> de travailler, je **b** <u>rangerai</u>
   mes affaires et je **b** <u>prendrai</u> ton vélo. J' **a** <u>en</u> ai besoin pour aller en ville.
7. *Marie:* Pierre, tu étais hier à la Fête de la nature à Branféré. Tu as fait des photos?
   Pierre: Oui, j' **a** <u>en</u> ai fait quelques-unes. Mais je ne suis pas sûr qu'elles te plaisent.
   Marie: Tu pourrais **a** <u>me les</u> montrer?
   Pierre: Je **a** <u>te les</u> **b** <u>montrerai</u> dès que je **a** <u>les</u> **b** <u>aurai triées</u>.

▌▌▌▌▌▌ **Médiation**

6 À gauche, tu vois les thèmes qui intéressent Greenpeace comme l'énergie nucléaire, la chimie, la
paix, le climat, l'agriculture, les mers, le pétrole, l'environnement et l'économie, et les forêts.
Au centre, ils présentent leurs avis sur les thèmes principaux.
Ils luttent depuis trente ans contre l'énergie nucléaire parce que la radioactivité présente trop de dan-
gers pour les hommes et parce qu'il n'existe pas de solution sérieuse pour les déchets nucléaires.
Greenpeace s'engage aussi pour que les produits chimiques malsains soient interdits dans le monde
entier. Ils pensent que ces produits sont dans toutes les choses que nous consommons.
Greenpeace est pour les énergies renouvelables. L'association pense qu'il est possible qu'en 2100, on
n'utilise plus que des énergies renouvelables en Allemagne. Mais ce changement n'est possible que
si les hommes politiques agissent.
Greenpeace est pour la paix dans le monde. L'association ne pense pas que la guerre soit un moyen
pour régler les conflits dans le monde.
À droite, il y a la possibilité de donner de l'argent pour les actions de l'association et on voit qu'il y a
aussi un site pour les enfants, Greenpeace Kids.

####### Production de texte

7 Chère Anaëlle,

Je suis super contente que tu viennes me voir en juillet! Mais tu dis que tu veux venir en avion ...
Tu ne préférerais pas venir en train?

C'est vrai, un voyage Lyon-Bayreuth dure en train plus longtemps qu'un voyage Lyon-Munich en
avion et un voyage Munich-Bayreuth en voiture, mais il faut aussi penser à notre environnement!
L'avion provoque quatre fois plus de pollution que le train. C'est très dangereux pour l'environnement! Que ferons-nous quand notre planète se sera réchauffée et que la glace du pôle nord aura
disparu?

Bon d'accord, tu ne vas pas empêcher la terre de se réchauffer juste parce que tu prends le train. Mais
il est important que chacun fasse ce qu'il peut faire pour sauver l'environnement!

Il faudrait aussi que les hommes et les femmes politiques s'engagent plus. Les voyages en avion
devraient être tellement chers que tu serais obligée de venir en train! (Là, je te provoque.) En atten-
dant, c'est à chacun de prendre ses responsabilités.

J'espère que tu me comprends et que tu ne trouves pas que je suis une écolo bornée.

En tout cas, quand tu seras là, nous ferons des balades à vélo dans la région. Ça, au moins, ce n'est
pas dangereux pour l'environnement!

@+!

Karina

Schulaufgabe B

####### Compréhension orale

4 ◎ **Solidarité avec les sans-papiers!**

Présentateur: Et pour finir ce journal télévisé, nous retrouvons notre journaliste Marie-Ange Latour
qui se trouve place de la République, à la manifestation d'aide aux sans-papiers. Marie-Ange, vous
nous entendez?

Marie-Ange: Oui, Thierry, je vous entends ...

Présentateur: Marie-Ange, comment est l'ambiance autour de vous?

Marie-Ange: Il y a énormément de monde dans la rue. De nombreuses associations d'aide aux sans-
papiers sont représentées. Je m'approche d'un monsieur qui porte un tee-shirt avec le logo de l'association Réseau Éducation Sans Frontières. On y voit un policier qui emmène un enfant prisonnier
vers un avion ... Monsieur, bonjour, quel est le but de votre association?

Monsieur RESF: Nous luttons contre l'expulsion des enfants des sans-papiers scolarisés en France.
Ces enfants n'ont pas choisi le pays dans lequel ils sont nés. Doivent-ils être punis pour des actes
dont ils ne sont pas responsables? Je suis professeur. J'ai dans ma classe un élève dont les parents
sont sans-papiers. Il risque d'être renvoyé dans un pays dont on dit qu'il est le sien. Que lui arrivera-t-
il lorsqu'il sera rentré là-bas? Son année scolaire sera interrompue. Il n'aura pas la possibilité de
continuer ses études. Je trouve que c'est une situation qui ne va pas avec les droits de l'homme ...

Marie-Ange: Merci, monsieur pour cet avis. Je m'avance maintenant vers un autre monsieur ... Monsieur, bonjour! Vous observez la manif, mais vous n'y participez pas?

Monsieur qui ne participe pas: Non.

Marie-Ange: Le problème des sans-papiers, cela ne vous concerne pas?

Monsieur qui ne participe pas: Si, cela me concerne parce que je veux que la loi soit respectée. Celui qui
n'a pas de papiers n'a pas le droit de rester en France. Voilà. Qu'est-ce qu'on fera quand la moitié de
l'Afrique sera arrivée chez nous? Il faut absolument modérer l'immigration. Ce sont des paroles qui
déplaisent, mais il faut dire la vérité aux gens.

Un jeune homme l'interrompant: Monsieur, quand une loi est injuste, je me fous de la loi!

Dossier 4 **23**

Marie-Ange: Vous entendez que les avis sont différents et pleins de passion … Madame, bonjour, vous participez à la manifestation, est-ce que je peux vous demander votre avis sur la situation actuelle?
Dame: Il est important de montrer sa solidarité avec les sans-papiers, mais la solution du problème n'est pas en France, elle est en Afrique. Il faut absolument aider l'Afrique! Pour l'instant, nous n'avons affaire qu'à une immigration économique … Mais quand la planète se sera réchauffée, ce sera pour des raisons écologiques que les gens quitteront leur pays.
Marie-Ange: Voilà, c'était Marie-Ange Latour en direct de la Place de la République. Thierry à vous!

1 1. b – 2. b – 3. c

2 1. La journaliste raconte que
     a ✔ beaucoup de gens participent à l'événement.
     b ☐ peu de gens participent à l'événement.
     c ☐ personne ne participe à l'événement.
  2. La première personne interviewée est
     a ☐ un étudiant sans papiers.
     b ✔ un prof qui a un enfant de sans-papiers dans sa classe.
     c ☐ un policier.
  3. La deuxième personne interviewée est
     a ☐ un Français qui pense que les Africains devraient rester chez eux.
     b ✔ un Français qui veut modérer l'immigration.
     c ☐ un avocat qui se bat pour que la loi soit respectée.
  4. La troisième personne interviewée est
     a ☐ une dame qui a peur de la crise économique.
     b ☐ une dame qui a peur des sans-papiers africains.
     c ✔ une dame qui a peur que le changement du climat provoque l'immigration.

Vocabulaire

3 1. e – 2. b – 3. f – 4. c – 5. a – 6. d

Grammaire et vocabulaire

4 Mon ami Gabriel a toujours été très critique avec lui-même. Sa **a** tendance est de se poser beaucoup de questions pour savoir s'il vit correctement. Dernièrement, il m'a parlé d'une **a** sensation bizarre qu'il a parfois. Il **b** me l'a décrite. Elle est vraiment étrange. Il a soudain l'impression qu'il est trop bien chez lui, qu'il vit dans un trop grand **a** confort, qu'il possède trop de choses, qu'il pense tout le temps à **b** s'en acheter d'autres, que la **a** consommation joue un trop grand rôle dans sa vie. Il pense qu'il ne vit pas comme il devrait et qu'il doit rapidement changer son **a** comportement. Mais j'ai cru comprendre que son **a** objectif était de partir bientôt dans un pays pauvre et d'y recommencer sa vie. Quand il est venu chez nous le week-end dernier, Marie-Claude et moi avons essayé de comprendre ses projets. Il **b** nous en a longuement parlé. C'est un article sur mère Thérésa qui **b** lui en a donné l'idée.
Danièle, la femme de Gabriel, se fait beaucoup de soucis pour lui. Elle **b** nous l'a avoué. Pour elle, il s'agit d'une grave **a** préoccupation. Il faut dire qu'elle adore la mode et le luxe et que Gabriel veut **b** l'en priver. Il voudrait qu'elle le suive au bout du monde, mais il ne pourra pas **b** l'y obliger!

Grammaire

5
1. Dès que vous aurez terminé la discussion, vous me ferez un résumé. / Quand vous aurez terminé la discussion, faites-moi un résumé.
2. Quand Dupont et Durant auront fini de chercher des idées, ils rassembleront les arguments pour les justifier.
3. Dès que je t'aurai envoyé la devise de notre nouvelle entreprise, tu la feras circuler.
4. Quand nos concurrents seront tombés dans le piège, vous me rappellerez.
5. Quand vous aurez tenu compte de mes critiques, vous remettrez aussi en question le travail que vous avez fait avant de me connaître.

Production de texte

6
Sur cette affiche, on voit une chaise d'école. On devine une petite fille qui est assise sur la chaise. Mais la petite fille n'est plus là. La chaise est vide.
Le spectateur se demande: « Pourquoi est-ce que la chaise est vide? Où est la petite fille? »
Le texte de l'affiche nous aide à comprendre cette image mystérieuse. À gauche, sous l'image, on lit le mot « sans-papiers ». En bas à droite, on voit un dessin sur lequel un policier emmène un enfant vers un avion. On peut alors penser que la petite fille a été mise dans un avion et envoyée dans un autre pays, parce que ses parents n'avaient pas de papiers et n'ont pas eu le droit de rester en France. Le titre de l'affiche est « Il y a des vides que nos enfants n'oublieront pas. » Cela signifie que les petits Français qui continuent à aller à l'école ne peuvent pas comprendre qu'un policier emmène un enfant de leur classe, parce que ses parents n'ont ni la bonne nationalité, ni les bons papiers. Ils continuent à penser à l'enfant qui n'est plus là. La petite fille, qui a disparu, est comme un symbole: son souvenir est encore dans la classe.
Cette affiche montre qu'il faut lutter pour que les enfants des sans-papiers puissent continuer à aller à l'école et ne soient pas renvoyés dans leur pays. Les enfants ne doivent pas être des victimes de la politique. L'affiche appelle le spectateur à réagir et à s'engager pour que ces choses ne se passent plus. Le mot « Résistance! » veut dire qu'il ne faut pas se laisser faire.
Je la trouve très réussie parce qu'elle fait réfléchir à ce qui est juste et ce qui est injuste.

Dossier 4 **25**

DOSSIER 5 — Visages de l'Afrique

Schulaufgabe A

Compréhension écrite

1

	1. C'est dans le texte.	2. C'est dans les statistiques.	3. Il y a écrit autre chose dans le texte ou dans les statistiques.	4. Ni dans le texte ni dans les statistiques.
Dans les familles pauvres, les enfants ne peuvent pas toujours aller à l'école parce qu'il n'y a pas d'argent pour l'inscription.	✔			
Dans les familles pauvres, les enfants ne peuvent pas toujours aller à l'école parce qu'ils doivent travailler.	✔			
Dans les pays concernés par l'étude, entre 22,5 % et 47 % des enfants de 5 à 14 ans doivent travailler.		✔		
Il n'y a qu'au Cameroun que presque la moitié des jeunes vont au lycée et au collège.		✔		
Pour beaucoup d'enfants, les écoles sont trop loin et il n'y a pas de bus.				✔
Il est important que les parents sachent lire pour que les enfants réussissent à l'école.	✔			
C'est au Cameroun et à Madagascar qu'il y a le plus d'adultes qui savent lire et écrire.		✔		
Les enfants qui regardent trop la télévision travaillent moins bien à l'école.			✔ Les enfants qui ont une télé à la maison ont plus de chance de réussir.	
Les enfants qui ont accès à Internet réussissent mieux parce qu'ils ont accès à des informations qui peuvent leur servir.				✔
Avec Internet, les jeunes apprennent aussi l'anglais.				✔

Le pays de l'étude où il y a le plus haut taux d'accès à Internet est celui où il y a aussi le plus d'adultes qui savent lire.			✔ Le Sénégal a le plus haut taux d'accès à Internet, mais c'est au Caméroun qu'il y a le plus d'adultes qui savent lire.	
Les cantines ne peuvent pas aider les enfants à mieux apprendre.			✔ Les cantines peuvent être une solution pour permettre aux enfants les plus pauvres de rester à l'école et de mieux apprendre.	
Les enfants des villes réussissent mieux que ceux des campagnes parce qu'ils ont accès aux bibliothèques.				✔

Vocabulaire et grammaire

2   Tu fais la connaissance de Samira, une jeune fille qui vient de Belgique, mais qui a passé son enfance au Mali.

– Tu as passé ton enfance au Mali, mais tu n'es pas malienne. Tu es de quelle nationalité?

– Mes parents sont belges. Ma langue **a** <u>maternelle</u> est le français. Mes parents sont allés s'installer au Mali quand j'avais deux ans.

– Tu as de bons souvenirs de cette époque?

– Oui, bien sûr! Quand j'étais petite, j'adorais écouter les contes que me racontait Miriam, une vieille Africaine. Elle parlait de méchants personnages qui étaient toujours punis à la fin.

– Ces contes ne te faisaient pas peur?

– Non, ces contes **b** <u>africains</u> m'impressionnaient beaucoup, je les trouvais **a** <u>fascinants</u>. En plus, Miriam avait une voix très **a** <u>douce</u>, l'écouter était comme une musique. C'était un vrai plaisir et j'en garde un très bon souvenir.
Entre six et dix ans, j'ai fréquenté l'école **b** <u>publique</u> de Kita. Elle était **a** <u>gratuite</u>, on n'avait donc pas besoin de payer. J'étais la seule étrangère de l'école et j'avais droit à cause de cela à une attention **b** <u>spéciale</u>. J'avais un ami qui m'a appris le bambara. Je vis actuellement à Bruxelles, mais je garde toujours une relation **b** <u>privilégiée</u> avec le pays dans lequel j'ai passé une enfance **b** <u>superbe</u>.

Grammaire

3   Nous voici donc en Mauritanie. **a** <u>C'est</u> dans ce pays <u>que</u> mes ancêtres sont nés.
La région qui est **b** <u>celle</u> de mon père se trouve à 100 kilomètres à l'est de la capitale Nouakchott, sur la côte. Mais la région de ma mère, qui est aussi **c** <u>la mienne</u> puisque j'y suis né et que j'y ai grandi, se trouve au centre du pays, dans le désert du Sahara.
En effet, une grande partie du pays est **d** <u>désertique</u>. Mais au sud du pays, **a** <u>c'est</u> le fleuve Sénégal <u>qui</u> irrigue les terres et les rend **d** <u>fertiles</u>.
Les paysages **d** <u>superbes</u> que vous voyez là, sont **b** <u>ceux</u> dont j'ai rêvé chaque nuit pendant mes années d'exil! Et **a** <u>c'est</u> sur une de ces montagnes <u>que</u> j'aimerais qu'on m'enterre après ma mort.
Ce coin du pays est aussi **b** <u>celui</u> où on parle le moins français. Les habitants n'ont pas l'impression que la langue de Victor Hugo et de Léopold Sedar Senghor soit aussi **c** <u>la leur</u>!

Ma langue **d** <u>maternelle</u> est donc **b** <u>celle</u> de la tribu de ma mère, le peulh. Chez les Peulhs, il existe de nombreux chants, chaque groupe social (soldats, tisserands …) a **c** <u>le sien / les siens</u>! Je crois que **a** <u>c'est</u> de cette tradition **d** <u>africaine</u> <u>que</u> vient ma forte identité.

Médiation

4 La Mauritanie est un pays dans lequel il n'y a que deux régions qui ne sont pas désertiques: celle du fleuve Sénégal au sud, et celle de la côte atlantique à l'ouest. Des ruines de civilisations anciennes dont l'accès est difficile et cher pour les touristes rappellent qu'autrefois ce désert était une région fertile.
Longtemps, les puissances coloniales européennes ne se sont pas intéressées à la Mauritanie. La France qui avait commencé à coloniser le Sénégal depuis le 18ᵉ siècle, n'est devenue une puissance coloniale en Mauritanie qu'au 20ᵉ siècle. La Mauritanie est restée une colonie pendant 26 ans seulement, et elle a obtenu son indépendance en 1960.

Production de texte

5 Chère Juliette
Merci beaucoup pour le programme du festival de cinéma. Je suis contente qu'on y aille ensemble.
Je ne suis pas sûre d'avoir très envie de voir le film « Le vent ». Cette histoire de vent me paraît assez compliquée et intello. Et puis, le film dure presque deux heures! J'ai peur de m'ennuyer.
La comédie « La famille Sekouba » ne m'intéresse pas non plus. Tu me connais. Les problèmes des hommes qui ont plusieurs femmes ne me font pas rire.
Ce sont donc les deux autres films qui m'intéressent le plus. Celui sur le voyage en car a l'air vraiment très sympa. Il parle de la politique et de la situation en Afrique, mais sans se prendre au sérieux! En plus, j'aime bien les films dans lesquels on voit aussi la nature et les beaux paysages africains.
Viendras-tu me chercher à la gare?
À très bientôt, Jana!

Schulaufgabe B

Compréhension orale

5 ◎ **Un frère en Guinée**
Garçon: Mon frère vient de partir pour six mois en Guinée pour son travail.
Fille: Ah bon! Mais c'est où, la Guinée?
Garçon: C'est au sud du Sénégal et du Mali, et à l'ouest de la Côte d'Ivoire.
Fille: C'est bizarre, pourquoi va-t-il là-bas? On y parle portugais, non?
Garçon: Non, c'est en Guinée-Bissau qu'on parle portugais! En Guinée, on parle français. Les langues européennes sont les traces du passé colonial … Mais en Guinée, par exemple, à côté du français, une trentaine de langues africaines sont parlées!
Fille: Je me demande comment ton frère fait pour s'en sortir. Il est courageux d'aller là-bas.
Garçon: Il en avait très envie. Il a toujours trouvé que l'Afrique était un continent fascinant.
Fille: Il doit faire super chaud là-bas, non?
Garçon: Cela dépend. Au centre, il y a une saison des pluies qui dure de mai à novembre. Au nord-est, il fait très chaud, sauf de décembre à février, quand il y a beaucoup de vent! Et enfin, au sud-est, il y a une longue saison des pluies qui dure de huit à dix mois!

28 Dossier 5

Fille: Et dans quelle région ton grand frère est-il allé?

Garçon: Pour l'instant, il fait une formation à Conakry, la capitale qui est sur la côte Atlantique. Mais ensuite, il ira dans la savane, au nord-est, là où le climat est très sec.

Fille: Qu'est-ce qu'il va faire là-bas?

Garçon: Il va participer à la construction d'une nouvelle voie de communication entre la Guinée et le Mali. Il s'agit de faire circuler un train qui permettra de transporter les ressources des différentes mines du pays.

Fille: Des mines de quoi?

Garçon: Mon frère m'a dit qu'il y a de tout, en Guinée, comme par exemple du fer, de l'uranium, du cuivre ... et des diamants!

Fille: Alors c'est un pays riche?

Garçon: Non malheureusement, parce qu'il y a encore trop de problèmes. Le plus souvent, ce sont des entreprises étrangères qui possèdent les mines ... Mais mon frère travaille pour une association dont le but est d'aider les populations, pas de gagner de l'argent.

Fille: Alors tu prévois d'aller le voir en Guinée?

Garçon: J'aimerais bien, mais les billets d'avion sont assez chers. Il faut que je fasse des économies ... Mon frère veut parcourir à la fin de son séjour le pays du nord jusqu'au centre, en suivant le fleuve Niger. Si j'avais l'argent, je pourrais l'accompagner. On dit que les paysages y sont superbes!

1
1. Quelle carte correspond au texte? [a]
2. Combien de langues africaines parle-t-on en Guinée? [c]
3. Quels sont les deux endroits où ira le frère? [b]
4. Quelles sont les ressources de la Guinée? [b]
5. De quoi parle le garçon ici quand il dit «le Niger»? [a]

2

	vrai	faux
1. En Guinée-Bissau, on parle français.		✔
Non, c'est en Guinée qu'on parle français.		
2. Dans le nord-est, il y a une saison des pluies qui peut durer dix mois.		✔
Non, c'est au sud-est qu'il y a une saison des pluies qui dure de huit à dix mois.		
3. Au bord de l'Atlantique, le climat est sec.		✔
Non, c'est dans la savane, au nord-est, que le climat est sec.		
4. Une voie de communication va être construite entre la Guinée et le Mali.	✔	
5. La Guinée a beaucoup de ressources, mais ce n'est pas un pays riche.	✔	
6. C'est souvent l'État de la Guinée qui possède les mines.		✔
Non, ce sont souvent des entreprises étrangères qui possèdent les mines.		
7. Le frère du garçon travaille pour une entreprise étrangère.		✔
Non, c'est pour une association (dont le but est d'aider, pas de gagner de l'argent) que le frère du garçon travaille.		
8. Le garçon a assez d'argent pour aller voir son frère en Guinée.		✔
Non, il doit faire des économies.		

Vocabulaire

3
1. Lequel de ces mots ne décrit pas une qualité?
la gentillesse – l'hospitalité – <u>la communication</u> – l'équilibre

Dossier 5 **29**

2. Lequel de ces mots ne fait pas partie du vocabulaire de la météo?
   la pluie – le goudron – la saison – l'inondation – le nuage
3. Lequel de ces mots n'est pas une matière première?
   l'uranium – le fer – l'arachide – le cuivre – le pétrole – le bois
4. Lequel de ces mots ne décrit pas un type de paysage?
   le désert – la forêt tropicale – la savane – le coin
5. Lequel de ces mots ne décrit pas un métier?
   l'agriculteur – le metteur en scène – le descendant – l'enseignant

Grammaire

4 1. Quand l'Afrique se sera transformée en désert, les gens n'auront plus besoin de modifier leur comportement.
2. Il ne se passe jamais une semaine sans que l'on entende de nouveaux reportages sur le réchauffement climatique. Nous finirons par en avoir tellement assez que les journalistes et les hommes politiques n'obtiendront pas ce qu'ils voulaient.
3. Je ne voudrais surtout pas que vous pensiez qu'il n'y a rien à faire. N'oubliez pas que les générations qui nous suivront, supporteront nos fautes.

Médiation

5 Tiken Jah Fakoly est un musicien, mais aussi un ennemi de l'État et un héros du peuple. Dans ses chansons, il dit ce que les jeunes en Côte d'Ivoire pensent. Tiken Jah découvre très jeune le reggae et il fonde son premier groupe à l'âge de 20 ans. Ses textes qui critiquent l'État qui vole l'argent public et les hommes politiques qui utilisent leur pouvoir pour avoir des avantages plaisent aux jeunes Africains et ont fait de lui la nouvelle star de l'Afrique de l'Ouest.
En 1996, sa chanson « Mangercratie » critique le gouvernement de son pays en lui reprochant de ne pas être démocratique et en réclamant le droit à la nourriture pour tous.
Tiken Jah Fakoly dit que le reggae est encore aujourd'hui la meilleure musique pour parler de ce qui ne va pas dans le monde.
Tiken Jah Fakoly a appelé son dernier album « Françafrique » pour faire comprendre aux gens que la colonisation n'est pas terminée. L'esclavage existe encore à son avis. Cela fait 40 ans que les États africains sont indépendants. Mais ils n'ont obtenu que la photocopie de l'indépendance, il faut réclamer l'original.

Production de texte

6 *Toi:* Tu as un roman policier qui se passe en Afrique ... Tu l'as lu?
Ton/Ta corres: Oui, cela se passe au Mali. La première histoire se passe à Bamako et la deuxième dans la savane.
Toi: C'est bien?
Ton/Ta corres: Oui, c'est pas mal. Il y a beaucoup d'action. La rivière avec les crocodiles où se passent les meurtres m'a fait un peu peur, sinon c'est bien.
Toi: On y apprend des choses sur la société africaine?
Ton/Ta corres: Oui, c'est intéressant de lire une histoire policière qui se passe dans une autre société que la nôtre. On voit comment vivent les gens dans un quartier défavorisé de Bamako. Pendant l'enquête, on découvre aussi le rôle des traditions et les relations entre les différentes populations.

Toi: Moi aussi, j'ai lu un livre qui se passe en Afrique, au Burkina Faso. Ce n'était pas un roman policier, mais les mentalités à la campagne y étaient très bien décrites.

Ton/Ta corres: Ça parle de quoi?

Toi: C'est l'histoire de deux filles qui sont élevées par leur grand-mère parce que leur mère est partie travailler en France.

Ton/Ta corres: C'est bizarre, je croyais que c'était plus souvent les hommes qui immigraient en France que les femmes, surtout quand elles ont déjà des enfants!

Toi: Oui, mais cette femme a quitté l'homme qu'on l'avait obligée à épouser. Elle a dû partir parce que dans le village, les gens n'acceptaient pas qu'elle ait quitté son mari. Mais cela ne l'empêche pas d'envoyer de l'argent à tout le village.

Ton/Ta corres: Je n'aime pas trop ces histoires où on présente l'Afrique comme un continent en retard où tout ce qui est bien vient de l'Europe ou des États-Unis.

Toi: Je ne crois pas que ce soit le thème de ce livre. Les traditions africaines y sont présentées avec leurs avantages et leurs inconvénients. Par exemple, on voit comment les différents membres de la famille s'aident. On voit aussi que des traditions comme l'excision existent. Mais la vie est en train de changer: la mère de Fanta a dû se marier avec quelqu'un qu'elle n'aimait pas, mais sa fille a un petit ami dans le village qu'elle a librement choisi.

Ton/Ta corres: Cela a l'air intéressant. J'aime bien les livres qui montrent comment les gens vivent et comment la société se transforme. Il s'appelle comment ton livre?

Toi: En français, « Fille des crocodiles ».

Ton/Ta corres: Ah, là aussi on parle de crocodiles?

Toi: Oui, mais pas à cause d'un meurtre!